Indholdsfortegnelse

Godnat	3
Lukkede øjne	4
At elske og leve	5
Højt at flyve - om eufori og lykke	6
Livet går videre	7
Du er ikke	8
Rigtigt og forkert	9
Surrealisme	10
Uden dig	11
Vuggen	12
Bære eller briste	13
Mit livs nye følgesvend	14
Den er der næsten	15
Alene	17
Afklaring	18
Mor	19
Fælles ensomhed	20
Vi når nok noget	21
Nødvendig	22
Tak	23
Forældreskab	24
At se eller blive set	25
Tid	26
Kaos	27
Kærligheden lever	29
Det er som…	30
Druknedød	31
Skyldig glæde	32
Denne nat	33
Sol og regnbuer	34

Godnat

Sov nu, min skat
Lad mig sige godnat
Jeg vil putte dig en sidste gang
Ikke af lyst men af tvang
Jeg vil lægge dig
Og jeg vil sige farvel
Du skal være uden mig
Og jeg skal være selv
Det er aldrig nemt når nogen går
Især når man ikke forstår
Hvordan noget så rigtigt
Kan end så galt
Hvordan noget så vigtigt
Kan forsvinde
Uden varsel
Uden årsag
Vi har puttet dig i graven
Forsvundet er varmen
Du var kold før du blev lagt
Og så meget blev aldrig sagt
Vi troede vi havde tid
Så meget tid

Lukkede øjne

Lyset i dine øjne er nu slukket
Og vejen for os to er lukket
Ligegyldigt hvor mange lys, jeg tænder
Finder du ikke hjem igen
Jeg vil aldrig holde dine hænder
Eller omfavne dig igen, min ven

At elske og leve

Jeg havde aldrig kunnet forstå
Eller forestillet mig hvordan
Mit liv kunne gå i stå
Den dag du forsvandt
Mit liv mistede sin retning
Ingen mening, intet mål
Hvor jeg før besad fatning
Gøder mismod nu mit bål

Hvordan skal jeg elske og leve
Når livet sejler afsted
Hvor bølgerne ikke kan holdes i ave
Og jeg drukner i et indre lavineskred

Ilden i mig var før en gnist
Der tændtes, lyste og brændte
Før var den ikke udelukkende trist
Men fuld af skaberlyst og tanke
Nu emmer den og hæmmer mig
I hver en daglig banalitet
Hvordan skal jeg fortsætte uden dig?
Med dig forsvandt min prioritet

Hvordan skal jeg elske og leve
Når livet sejler afsted
Hvor bølgerne ikke kan holdes i ave
Og jeg drukner i et indre lavineskred

Jeg kan ikke gøde mine indre vande
Nok til at finde en form for fred
Jeg ville have rejst til verdens ende
For at undgå, du blev gjort fortræd
Jeg vil prøve at finde min vej
Med den livskraft, der ulmer i mig
Jeg havde glædeligt byttet med dig
For vejen alene bliver hård og sej

Højt at flyve - om eufori og lykke

Højt at flyve, dybt at falde
Det tænker man ikke på
Når man hører lykken kalde
Smerten rammer os hårdt
Når medgang bliver til modgang
Lykken kan være kort
Aftryk bliver sat før vi går bort

Man glemmer lidt for nemt
Hvordan det føles,
Når livet det er slemt
Euforien rammer os
Og sletter alt det mørke
Løfter os op alt til trods
Finder højder uden stopklods

Størst af alt er kærligheden
Den luner os
Og vi varmer os ved den
At tiden læger alle sår
Kunne ikke være større løgn
Kulden rammer, når varmen går
Det er det, vi nu forstår

Men midt i sorgens mørke
Glædes vi over det, som var
Uden regn kendtes ingen tørke
Og det vi nu ved om livet
Er, at kærligheden sejrer
Vi ønsker, du var blevet
Men nyder, du var os givet

Livet går videre

Livet går videre
Det føles som om, tiden går i stå
Som om stjernerne burde dø ud
Og efterlade verden i mørke
Men livet går videre
Selvom det virker uvirkeligt
Jorden drejer fortsat om solen
Og om sin egen akse
Floderne løber stadig ud i havene
Livet går videre
Dag afløser nat
Solen står op og går ned
Uret tikker
Selvom hvert sekund føles som en kniv
I mit i forvejen frarøvede, iturevne hjerte
Så fortsætter træerne deres cyklus
Regnen falder stadig
Tyngdekraften fungerer på mystisk vis endnu
Og livet går videre
Mit hjerte slår
Modsat dit

Du er ikke

Hvis tomhed er uden klang
Hvorfor føles den så som et ekko i mig
Jeg prøver at dulme gennem sang
Når jeg skråler og tænker på dig
Jeg gemmer væk og tænker
Jeg snakker højt og deler
Jeg lægger min sorg i lænker
Putter sorg og hverdag i en æggedeler
Jeg skiller liv fra smerte
Hverdag fra mit eget mørke
Ser bort fra den svære
Din død har smurt af på mig

Når jeg lægger mig på puden
Forsvinder al min indre distraktion
Og højt som vindens tuden
Skærer sorgen i mig som en infektion
Det føles betændt og hæmmende
Og tillader mig ikke at glemme
Det bliver overvældende og skræmmende
Når jeg kun føler alt det slemme
At det, der skulle have været
nu kun er et minde om et ønske
Det gør mindet om dig lidt svært
Når drømmen i mig er brast

Jeg ønsker på ingen måde
At minderne om dig skal forsvinde helt væk
Men det er mig en gåde
Hvordan sorgen kan drive gæk
Den stjæler min tankevirksomhed
Ændrer min indstilling
Medfører en mental uopmærksomhed
Der rammer uden varsling
Hvad før var op er nu ned
Retning er nu et uforståeligt begreb
Jeg ved ikke længere, hvad jeg ved
Udover, at jeg er og du er her ikke

Rigtigt og forkert

Hvad er rigtigt og forkert?
Det er ikke det samme for du og jeg
Du kan forsøge at støtte og råde og jeg tager
glædeligt imod
For jeg ved i tiden ikke altid hvad der er op og ned
Jeg har brug for hjælp til at styre det kaos, der har
overtaget mine tanker og min opmærksomhed
Hjælp mig
Og jeg formår at række ud
Men grænsen er let at overskride
Og er at beskrive det samme som at belære
når det handler om andres utilstrækkelighed?
For du tror, du overskuer mit liv og dømmer mig i mit
kaos og mørke
Hvad der er rigtigt for mig, er måske ikke rigtigt for dig
Men det gør det ikke forkert

Surrealisme

Det virker så surrealistisk
At ingen kan se
Hvor ondt jeg har indeni
Hvordan er der ingen synlige mærker
For folk, der går forbi?
Når hver en celle
Vibrerer og sitrer i voldsomt skrigeri
Hvordan kan jeg vandre omkring
Uden nogle synlige ar
Når min verden nu kører i ring
Og intet længere er, som det var

Giv mig blot endnu et kys
Endnu en vågen nat
Endnu et smil med glæde og lys
Endnu en dag med dig, min skat

Kun min gråd kan ses tydeligt
Når den rammer
Selvom mit indre står i flammer
Ses der ingen ydre forbrænding
End ingen skrammer
Folk vandrer forbi
Uden at se smerten, der lammer
De smiler når de passerer
Og enkelte haster afsted
Min krop kamuflerer
Sjælens bjergskred

Uden dig

Jeg har brug for dig
Som jeg har brug for luft
Uden dig kan jeg ikke
Trække vejret

Jeg behøver dig
Som jeg behøver væske
Uden dig
Tørster jeg

Jeg overlever ikke uden dig
Som jeg ikke overlever uden næring
Uden dig
Overlever jeg ikke

Hvordan kan jeg overleve
Når jeg mister det, jeg behøver?
Jeg har brug for dig

Vuggen

Din vugge står stadig ved min side
Nu er den bare tom
Jeg vågner og rækker ud
Og møder kun kulde
Jeg vasker tøj og finder stadig
Sokker ingen kan passe
Bluser så små de kunne
Have været til din søsters dukker
Men det var dine
Og du var her
Din barnevogn står stille
Og uroen fra din største bror
Er nu uden tilskuer

Din anden bror synger endnu
Han synger for dig ved graven
Og han krammer sin bamse længe og hårdt
Og fortæller, at det kan du mærke
Jeg lytter ikke længere efter din gråd
Og ved nu oftere end før
At din seng er tom
Smerten skærer ikke hele tiden
Og slibes langsom dump.
Vi bar dig for kort i vores favn
Og lærte dig ikke nok at kende
Vi bærer dig i vores hjerter
Og det vil vi altid gøre

Bære eller briste

Hver dag under vi livet
At leve
At lege
At grine
Hvordan kan noget så simpelt og vigtigt
Forsvinde
Glemmes
Ringeagtes
Af dagligdagens petitesser og banaliteter?
De fleste dage er jeg overbevist om
Vi glemmer
Udskyder
Afværger
Det vi burde huske, og glæden overrumples af
Negativitet
Brok
Vage fortrøstninger
Og før vi ved af det, er tiden væk
Til den tid går det op for os, at vi glemte
Alt det, der egentligt er vigtigt
At elske
At le
At leve

Mit livs nye følgesvend

Nogle gange raser sorgen med orkaners kraft
Den brænder som ild gennem mine årer
Skarp som dolkestik i hjertet
Den er vild som Vesterhavet i stormvejr
Ligeså mørk som natten i skoven
Den infiltrerer min hverdag og mine drømme
På samme vis som himlen går i ét med havet
Når alt er gråt og koldt og vådt
Den river i mig og kræver min opmærksomhed
På samme måde som et ivrigt barn
Den skaber et evigt pres af sådan en styrke
At jeg burde være blevet en diamant
Den er dump, vedvarende og evindelig
Som den allestedsnærværende luft
Der til tider gør sig mere bemærket end andre
Som både vild storm og mild brise
Selv fraværet heraf kan føles smertefuld
For savnet eksisterer stadig i tomheden
Selvom bølgen er på sit laveste
Før den bruser op igen
Ja, selv når den hviler
Jeg hører kun stilhed under havets overflade
Jeg hører kun vinden, når den tuder voldsomt
Sorgen er stilhed
Sorgen er larm
Den er med mig overalt
Som mit livs følgesvend

Den er der næsten

Jeg rejser mig op
Som jeg altid gør
Dagen gryr og pligterne kalder
Pligterne jeg ikke kan overskue
Jeg vil så gerne sove
Begrave mig i mørket og roen
Følelsesløshed og drømme og glemsel
Jeg hører energifyldte og glade trampende skridt
Gennem loftet
Støj
Jeg ved, horderne kræver min tilstedeværelse
Så jeg står op
En fod foran den anden
Mere af stædighed end af lyst
Et skridt mere
Hvis jeg smiler og forsøger at le
Lægger de så mærke til
Smilet ikke når mine øjne?
Der er et eller andet sted frygteligt fascinerende ved
Hvordan børn formår at gøre det
Vi voksne kun kan drømme om
Uanset sorg og smerte
Kan de gå ind og ud af den efter behov
Ukontrollerbar gråd kan blive til latter og leg
Førend vi andre når at blinke
Og her går jeg
En måned inde i sorgens mørke
Og slæber mig op af trappen
Jeg klistrer smilet på
Stiver mig af
Finder mit halvhysteriske optimistiske toneleje frem
Åbner døren
"Godmorgen unger!"
Måske behøver jeg ikke benytte mine
Åbenbart meget veludviklede skuespillerevner
For at forestille mig glæden denne morgen
Kys og kram og strålende øjne
Fedtede barnenæver og 11-taller
Møder mig i køkkenet

Snakken går livligt i under maden
Syltetøj på stolen
Krummer på gulvet
Jeg kan mærke glæden
Den er derinde
Den bryder oprigtigt ud
Snart
Det er lige ved
Næsten
Morgenen er ovre
Jeg vinker farvel
Det er nærmest som omvendt tunnelsyn
Lyset forsvinder med jer
Mørket vender tilbage
Og her står jeg
Smerten fylder alt og alligevel føler jeg intet
Tiden snegler sig afsted
Kom nu hjem

Alene

Alene
Når tankerne myldrer og tumler.
Alene
Når frygten og angsten skumler.
Alene
Når tankerne flyver omkring.
Alene
Når alt det sorte går i ring.
Alene
Når jeg bliver forladt.
Alene
Når farverne transformeres til mat.
Alene
Når alle de andre går.
Alene
Når ikke engang min verden står.
Alene
Når jeg er ensom.
Alene
Når jeg føler mig tom.
Alene
Når jeg ikke kan bære mig selv.
Alene
Når glæden går på hæld.

Afklaring

Jeg ved ikke, hvad jeg forventede
Var det en afklaring?
En afslutning?
En form for fred?
Jeg ventede på svar
Som jeg ikke fik
Eller i hvertfald ikke noget jeg kunne bruge.
Vuggedød
Er det ikke bare noget, de siger
Når de ikke ved, hvad det var?
De kan ikke forklare
Hvorfor du tog herfra
Hvorfor vi skulle lægge dig i graven
Og aldrig se dig igen
De gav os et svar
Der ikke var et svar
En forklaring, som ikke forklarede
Hvorfor vi skulle sige farvel
Hvorfor vi skal fortsætte
Uden dig

Mor

Send mig et smil
Og få mit hjerte til at briste
Det er så vildt hvordan
Du har gjort mig bange for at miste

Mit hjem er der, hvor jeg føler mig i ro
Der hvor jeg ikke føler mig splittet i to
Der, hvor jeg føler mig sikker
Et sted hvor tiden går i stå og uret ikke tikker
Der, hvor jeg før bare var mig
Lige indtil, det også involverede dig

Du lærte mig at mit hjerte kunne være
Et hjem for flere og at jeg sagtens kunne bære
Mere kærlighed end jeg turde håbe på
At mit hjem ikke kun var noget, jeg fysisk kunne nå
Selvom alt ikke føles som en leg
Gør det intet, bare du er her hos mig

Kærlighed gør blind, påstår de kloge vist nok
Og jeg står hver dag for skud for dit brok
Men tænk sig hvordan mit liv er blevet
Selvom jeg visse dage tager det for givet
Jordemoderen gav mig den smukkeste titel
Da hun rakte mig dig i sin kittel

Jeg er i dag den stolte mor til to og endnu tre
Og I pryder nu alle familiens stamtræ
Jeg er stolt og meget beæret
Og har ikke lyst til at tænke på, hvor jeg kunne have været
For uden jer er livet meningsløst
Med jer vokser kærligheden i mit bryst

Fælles ensomhed

Jeg har hørt man kun kan vinde, hvis man vover
Men hvordan hjælper det i ensomhedens tåger
Det hele er mørkt og koldt og alt for stille
Det var hverken meningen, eller det jeg ville
Jeg ved, jeg elsker og skal elske igen
Men jeg føler mig forladt, når du går, min ven
Jeg har mistet det dyrebareste jeg har
Du er tilbage i hverdagen som var
Jeg sidder fast
Kan ikke komme videre
Min verden brast
Jeg sidder fast
Min verden er sorg og længsel
Mit helt eget personlige fængsel
Hvem hører mine råb og skrig -
Der udadtil ikke overdøves af min indre krig
Jeg har sagt det højt, jeg har bedt dig forstå
Jeg er ikke klar, men du vælger stadig at gå
Hvert sekundslag fra viseren gør ondt
Og alenetid bliver for mig usundt
Minutterne udfyldes med lyden af min egen gråd
Du kan end ikke påstå, du ikke aner uråd
For jeg fortalte dig om angsten og smerten
Den, der fylder hele min verden
Jeg fortalte dig, jeg ikke kunne være alene
At smerten ville fylde hver en vene
Du besluttede det udenom mig
Selvom du lovede, vi skulle følge samme vej
Vi skulle rumme hinanden, når vi var hvert vores sted
Indtil du ændrede mening og skred
Du vælger at gå for dig
Selvom du ved, det knækker mig
Jeg kan ikke rumme dig
Når du vælger alt andet end mig
Hvad er vigtigt? Er det "os"?
Det siger du - og vælger dig selv på trods

Vi når nok noget

Vi bevæger os
Vi udvikler os
Det er dét, der kendetegner livet
Vi ser fremad
Formet af det, der lægger bag os
Nogle gange er livet spændende
Andre gange er det ensformigt
Og så er der tider
Hvor det er yderst uretfærdigt
Du er din egen lykkes smed
Men det passer ikke helt
Vi er ikke herrer over
Hvad der hænder
Ikke altid
Vi drømmer
Vi længes
Vi ønsker
Og vi arbejder os altid den vej
Vi ønsker at gå
Nogen tager den lige vej
Den asfalterede motorvej
Uden bump eller stop
Andre tager en forgrenet vej
Gennem skoven
Over hækken
Men vejen tager vi
Med skrammer og sår og rifter
Måske når vi ikke frem
Men vi når altid et sted hen

Nødvendig

Når du tager afsted
Lægger du tankerne over på noget andet
Du kører klatten og nyder
At du med arbejdet kan distrahere dig selv
Smerten og sorgen
Lægges midlertidigt på hylden
Du siger, der er godt for dig
At være i gang
Du føler dig værdsat
Nødvendig
Brugbar
Men jeg fortæller dig, jeg har brug for dig
Jeg siger: jeg er ikke klar
Gå ikke
Bliv her
Jeg kan ikke abstrahere alene
Sorgen knuser mig, når jeg er selv
Her er du nødvendig
Elsket
Livsvigtig
Farvel, siger du og går
Min verden skrider
Kun det mørke eksisterer
En uoverskuelig tidshorisont
Der for mig strækker sig i det uendelige.
Smerten bliver fysisk
Sidder i maven som en bautasten
Truer med at drukne mig
Ville gøre det, hvis jeg forsøgte at svømme
Fordi du har brug for at føle dig
Brugbar
Vigtig
Nødvendig

Tak

Tak fordi du kommer
Tak for dine kondolencer
Tak for buketten
Tak for tanken
Tak for lasagnen
Tak fordi du er der
Tak fordi du rummer
Tak for kram
Tak for kys
Tak for en venlig skulder
Jo tak, jeg står her endnu
Stivet af med brædder
Jo tak, jeg lever
Jo tak, det går
Tak for snakken
Tak for tiden
Tak for dig
Tak for jer
Tak for hjælpen
Tak for alt
Og tak for det, vi mistede

Forældreskab

Der er det med livet
At det gør ondt at bringe ind i verden
Men vi er heldigvis kodet til at glemme
Hvor ondt det egentligt gør
For havde vi da gjort det igen?
Og igen
Og igen
Eller er det i virkeligheden bare fordi
Gevinsten er så stor?
Og heldigvis for det
Ellers var racen døet ud
Det er det med at blive mor eller far
Livet ændres som ved et trylleslag
Det er ikke fordi lynet nødvendigvis slår ned.
Det gør det hos nogen
Ikke hos alle
Nogen føler kærligheden ved første øjekast
Andre skal lære at elske en ny
Kærligheden vokser
Verden vokser med
Kærlighed og forældreskab
Kommer ikke med en manual
Vi har alle som børn lært
At øvelse gør mester
Husk at nyde vejen dertil
For der vil altid være nyt at lære

At se eller blive set

Skulle en anormal sjæl driste sig til
At høre, hvad jeg har på hjerte
Så har jeg masser at sige
Måske ikke om det
Men tak fordi du lyttede
Til talestrømmen om alt andet end det
Der egentligt betyder noget

Tid

Livet i sin spæde start
Livet, når det netop er begyndt
Al tid i verden
Det er hvad, man har
Hvad man tænker, man får
Al tid i verden til at elske
Al tid i verden til at le
Al tid i verden til at opleve
Men livet tager en drejning
Vi er sjældent herrer over noget
Det udvikler sig
Eksplosivt
Eller skrumper ind til
Ingenting
Selvom vi holder krampagtigt fast
I ønsket
I håbet
I troen
Om al tid i verden til at leve
Så sker det
At al tid bliver til ingen tid
At evig tid bliver til aldrig mere
Aldrig mere skal jeg
Se dine lysende øjne
Aldrig mere skal jeg
Holde din buttede hånd
Aldrig mere skal jeg
Høre din stemme
Og aldrig mere skal jeg
Kysse din mund
Al tid er nu
Uagtet hvor desperat jeg klamrede mig fast
Slet ikke tid
Vi fik ikke tid nok
Men skal jeg være ærlig
Havde for evigt været for kort

Kaos

Der er noget galt
Jeg kan mærke det
Jeg ved det før
Jeg åbner øjnene
Jeg ved ikke, hvad det er
Men det er der
Jeg sætter mig op med et sæt
Ømme bryster
Der er noget galt
Panikken spreder sig
Du er stille
For stille
Jeg skriger
Mens jeg tager dig op
Stivhed
Kaos
Jeg skriger stadig
Jeg gør det ikke bevidst
Prøver at huske
Min hjerne er grød
To fingre på brystet
Det kan jeg huske
Jeg trykker
Puster
Husker ikke
Hvor mange gange skal jeg trykke?
Hvor tit skal jeg puste?
Far tager over
En venlig dame i røret fortæller
Og hun tæller for ham
Han gør det
Agerer
Udenom tågerne
Jeg græder
Jeg håber
Jeg beder
Min hjerne ved godt
Hvad jeg ikke vil tro
Forvirring

Mørke
Lydene af din udånding efter hvert pust
Forhåbning
Mørke
Jeg ved det
Et sted i tågerne slår logikken fast
Stivhed er død
Det er for sent
Jeg er klar
Klar til hvad?
Døren er låst
Tredive tryk og to pust
Nogen er på vej
Hjælpen kommer
Hjælp mig
Hvordan låser jeg op?
Jeg husker ikke
Tågerne letter
Efterlader væltet hjernegrød
Hjerteløberen er der
Jeg er desperat efter hjælp
Hjælp til det umulige
Red ham
Min smukke, lille, stive søn
Med den fantastiske fremtid
Med de søde, skønne grin
Så fuld af kærlighed
Du er død
Fastfrosset statue
En eller anden fortæller mig
Hvad jeg allerede ved
Hvad jeg lukker ude
Det er for sent
Tiden stivner
Min verden fryser
Stivhed er død

Kærligheden lever

Livet bliver skabt og vi fødes
Ind i det liv, som er kødets
Vi fødes, lever og dør
Det er livet, der er som det bør

Indimellem sker det hårde
Når livets start i stedet skaber tårer
Når sjælen for tidligt går væk
Og håbets kar springer læk

Den dag, du blev født, var glæden stor
Den voksede med kærligheden, der gror
Dit korte lav satte tydelige spor
Som søn, som individ, som bror

Kærligheden lever endnu
Men den er her uden blu
Vi elsker dig højt som før
Som levende og efter, du dør

Det er som ...

Det er som at miste balancen
Uden at være fuld
Som at blive slået hårdt i hovedet
Uden at gå omkuld
Det er som at snegle afsted
I en verden fyldt med fart
Som at være den eneste voldsomhed
I en verden, der er sart
Min sorg er en vekselstrøm
Hvor alt andet kører med jævn
Det er som ikke at kunne elske
Fordi man er fyldt op af hævn
Det er som at leve i en proppet verden
Når ens egen den er bar
Som altid at søge sit eget hi
Når resten af verden bare er klar

Druknedød

Jeg føler det dybt
Fraværet af følelser
Fraværet af lys
Omgivet af mørke

Jeg mærker alt
Uden at mærke
For jeg kan ikke røre
Ikke føle

Jeg åbner op
Opslugt i dybet
Mine råb druknes
Omdannes til intet

Hjælp mig
Red mig
Træk mig op på land
Jeg drukner

Du ser mig sidde her
I solen og smile
Du ser ikke min kamp
Eller min druknedød

Skyldig glæde

Videre, siger du
Kom over det
Det er slut nu
Rejs dig igen
Kom videre
Men det er ikke slut
Ikke for mig
Det er ikke forbi
Jo, måske for dig
Det er ikke manglende vilje
Der fastholder mig
Det er ikke modvilje
Der fængsler mig
Fraværende mening
Udeblevet glemsel
Vrede og afmagt
Frustration og sorg
Som jeg ikke vil undvære
Fraværet af ham
Blev fraværet af mig
Han tog noget af mig med sig
Min sorgløse glæde
Min tro på verden
Nu føles glæden skyldig
Verden uretfærdig
Og alt er forkert

Denne nat

Denne nat er mørk og kold
End ikke stjernerne lyser
Denne nat skred min grundvold
Nu sidder jeg her og fryser
Dog ikke af kulden
Den rører mig ikke
Denne nat falder der også regn
Som der gjorde da du døde
Det føles igen som et tegn
Midt i nattens øde
Selv himlen græder stille
Mens mine tårer begynder at trille
Mit hjerte er koldt af savn
Du mangler i min favn
Dér, hvor du skulle bringe glæde og lys
Dér, hvor vi skulle overdænge dig med kys.
Du mangler ikke bare nu
Du mangler hver dag
Siden mit hjerte blev slået itu
Og slog med sorg i hvert et slag
Jeg er en anden mor
For både søster og for bror
Det er en anden, der nu trøster
Din nye lillesøster
Det er i dag en anden kvinde
Der indeni mig bor
Tak for Ida, vi elsker hende
Kærligheden er stor

Sol og regnbuer

Jeg vågner i mørket
Krammer dine søskende hårdt
Og sikrer mig, de trækker vejret
Tørrer mine egne tårer bort

Jeg ligger på trampolinen
Stjerner falder over os
Himlen spættet af prikker og striber
Vi lever videre på trods

I sol efter regn lyser farver op
I rød og blå og grøn og gul
Når vi ser regnbuer, er de fra dig
Og kram er som varme fra sol

Vi kommer ikke til at glemme
Men minderne gør ofte ondt
Måske kan vi en dag mindes
På en måde, hvor det er sundt

Forlag: BoD – Books on Demand, Hellerup, Danmark
Tryk: BoD – Books on Demand, Norderstedt, Tyskland
ISBN: 9788743056140